DISCOURS

DE M. GALLATIN,

ANCIEN AMBASSADEUR DES ÉTATS-UNIS EN FRANCE,

AU NOM DES HABITANS DU COMTÉ LAFAYETTE,

PRONONCÉ A UNION-TOWN, LE 25 MAI 1825.

PARIS,

DE L'IMPRIMERIE DE RIGNOUX,

RUE DES FRANCS-BOURGEOIS-S.-MICHEL, N° 8.

1826.

(1) On souscrit, pour ce Recueil, dont il paraît un cahier de plus de quatorze feuilles d'impression tous les mois, au bureau central d'abonnement, *rue d'Enfer-Saint-Michel,* nᵒ 18. Chaque cahier se compose de quatre sections :

I. *Notices* et *Mémoires* sur des objets d'un intérêt général ;

II. *Analyses* d'ouvrages choisis, 1ᵒ *Sciences physiques ;* 2ᵒ *Sciences morales et politiques ;* 3ᵒ *Littérature et Beaux-Arts ;*

III. *Annonces bibliographiques* d'ouvrages nouveaux, classés par pays, et dans chaque pays, par sciences;

IV. *Nouvelles scientifiques et littéraires.*

Prix, à Paris, 46 fr. pour un an; dans les départemens, 53 fr., et 60 fr. pour les pays étrangers.

On peut s'adresser au *Bureau central* pour faire insérer des extraits de *Prospectus d'ouvrages nouveaux,* dans les *Annonces bibliographiques* ajoutées à la suite de chaque cahier.

DISCOURS

DE M. GALLATIN.

OBSERVATION.

Jusqu'à présent, nous n'avons parlé du *voyage de M. le général* LAFAYETTE *aux Etats-Unis de l'Amérique du nord*, qu'à l'occasion des écrits dont ce grand événement a été le sujet. (V. *Rev. Enc.*, t. XXVI, p. 535 et 888 et t. XXVIII, p. 245.) Dans un fait aussi extraordinaire, dont les annales des nations n'offraient aucun exemple, l'aspect imposant de l'ensemble donne de l'importance aux détails. Mais, tandis que le spectacle d'une nation reconnaissante inspire des pensées si hautes, si généreuses, si pleines d'espérances pour tout le genre humain, notre *Revue* ne doit présenter que les résultats, sans arrêter l'attention de ses lecteurs sur des objets d'un intérêt purement local. Le Discours qu'on va lire est, à plusieurs égards, *l'histoire abrégée du voyage du général* LAFAYETTE (1) : il a, de plus, le mérite de faire partie

---

(1) On vient de publier, chez le libraire L'Huillier, une *relation* détaillée du *Voyage du général* LAFAYETTE *aux États-Unis d'Amérique*, en 1824 et 1825, destinée à consacrer le souvenir de cette époque historique, où le caractère de tout un peuple et sa reconnaissance envers l'un des principaux fondateurs de sa liberté se sont manifestés d'une manière si solennelle et si honorable. — Une autre relation du même voyage doit être publiée incessamment aux États-Unis par un Américain. Celui-ci, en traçant le fidèle tableau du grand spectacle dont il vient d'être témoin, saisira sans doute l'occasion de passer rapidement en revue tous les États de la fédération

de cette histoire, d'exprimer les pensées d'un illustre Américain, cher à la France où il a laissé les plus honorables souvenirs, de retracer en quelques lignes les bienfaits les plus importans de la révolution française; de rapprocher enfin, dans un tableau rapide, l'état actuel de l'Amérique et celui de l'Europe ; c'est par ces motifs qu'il nous a paru tout-à-fait convenable de l'insérer dans notre recueil. Mais, quelle est cette nation qui fait à son *hôte* un accueil que la pompe du monarque le plus puissant ne saurait égaler ? Sa population n'est guère que le tiers de celle de la France ; et cependant, son pavillon est respecté sur toutes les mers : son alliance, recherchée avec empressement, est toujours magnanime et protectrice ; ses progrès dans les sciences, dans les lettres et les arts étonnent l'ancien monde, inquiètent les fauteurs du despotisme, peu rassurés par

---

américaine du Nord, rapprochés et comparés sous les divers rapports qui caractérisent leur civilisation plus ou moins avancée. Les résultats de ses observations et la masse des faits qu'il a pu recueillir permettront à ses lecteurs de saisir et d'apprécier les véritables causes et les élémens de la prospérité agricole, industrielle, commerciale, toujours croissante, et de l'activité scientifique, intellectuelle et morale, qui sont propres à chacun de ces États ; ils remarqueront surtout cette direction de l'esprit public, qui leur est commune à tous, cette unanimité imposante de sentimens patriotiques, de vues d'amélioration, de volontés invariables pour la conservation de l'indépendance, pour la garantie des droits publics et privés, pour la propagation des lumières, qui fait une seule et même famille de toutes ces petites républiques, éparses sur une immense étendue de territoire, et assez heureuses pour réunir à la force protectrice d'un gouvernement central, respectable au dehors, les avantages précieux d'administrations locales qui exercent une influence toujours bienfaisante, sans apporter jamais aucune entrave, ni à l'action de la pensée, ni à celle de la presse, ni au libre développement de l'industrie.   M. A .J.

l'interposition de l'Océan contre la puissance toujours croissante d'un peuple libre, éclairé, dont l'immense territoire se couvre rapidement de cultures, de villes, et d'une population heureuse, où l'instruction a pénétré partout, où le travail est équitablement rétribué, exempt d'entraves, et surtout honoré. Ce peuple pressent ses glorieuses destinées, et c'est par des actes d'une haute sagesse qu'il s'y prépare. L'influence morale que doivent exercer, même en Europe, les chants d'allégresse des Américains, à la vue de l'un des guerriers auxquels ils sont redevables de leur indépendance, sera sans doute favorable à la cause des Hellènes chez lesquels d'honorables étrangers (1), associés volontairement à leurs périls et à leur gloire, imitent le noble exemple qui leur fut donné, en Amérique, par LAFAYETTE et par KOSCIUSZKO.

M.-A. JULLIEN, de Paris.

GÉNÉRAL LAFAYETTE, les citoyens de ce Comté désirent, en ce moment où vous arrivez au milieu d'eux, vous témoigner leur joie, leur amour, leur reconnaissance. Ces sentimens, vous les avez entendu répéter en mille endroits et par des milliers de voix; et quel langage pourrait être aussi éloquent que celui de cette multitude qui partout se précipite sur vos pas pour vous recevoir? Acceptez ces effusions sincères et spontanées de l'affection d'un peuple libre, à la fois pénétré

---

(1) Nous aimons à rappeler ici le généreux dévouement de l'illustre Anglais lord BYRON, qui dévoua sa fortune, sa lyre et sa vie à la Grèce; du jeune Italien SANTA-ROSA, qui avait adopté la même patrie, et qui est mort glorieusement pour sa défense; et de notre compatriote, le colonel FABVIER, qui, consacrant son épée et son talent éprouvé dans l'art de la guerre à la sainte cause des Hellènes, est, au milieu de cette nation héroïque, le digne représentant de la France.

de respect pour votre caractère et de reconnaissance pour vos services.

Est-il nécessaire de parler de ces services? ils sont gravés dans le cœur de tous les Américains. Lequel parmi eux peut avoir oublié que le général LAFAYETTE, dans la fleur de la jeunesse, a abandonné pour la cause de l'*Amérique* les avantages de la naissance et du rang, les plaisirs, la splendeur d'une cour brillante, et, ce qui lui était bien plus précieux, les douceurs du bonheur domestique et de l'amour conjugal? Qui ne se souvient qu'il vint secourir l'*Amérique*, à l'époque la plus critique de la lutte pour l'indépendance ; qu'il combattit et versa son sang pour elle ; qu'il obtint l'amitié, la confiance de WASHINGTON, l'amour de tous ceux qui combattirent avec lui, ou qui l'approchèrent ; qu'il eut une grande part dans le dernier triomphe décisif de *Yorktown?* Mais ses services ne se bornaient pas à combattre sur le champ de bataille. Tandis qu'il supportait les fatigues et bravait les dangers de toutes les campagnes, presque chaque hiver, il traversait l'Océan pour encourager nos amis et obtenir des secours de notre illustre et malheureux allié, altérait sa fortune particulière pour fournir à nos besoins, sans recevoir aucune compensation des États-Unis ; tous ces services furent rendus avec un parfait désintéressement.

Le nom que porte ce comté, fut un des premiers témoignages de la reconnaissance publique. Tandis qu'il nous rappelle perpétuellement vos vertus et nos obligations, il semble nous donner le droit de porter un intérêt particulier à ce qui vous concerne. Que ce soit mon excuse, si, au risque de blesser votre modestie, je vous retiens quelques minutes de plus qu'il n'est d'usage de le faire pour les réceptions ordinaires.

Lors de la première assemblée des notables, ce fut sur votre motion que le rapport d'un de ses bureaux réclama la restitution des droits civils des protestans français ; et ce décret qui, d'après cette demande, fut rendu en leur faveur, précéda d'une année la révolution française.

Au moment de ce dernier événement, quoique vous appartinssiez à une famille distinguée dans la classe privilégiée, vous parûtes aussitôt un des plus zélés et des plus habiles défenseurs du peuple. La part que vous avez prise dans toutes les questions agitées à cette époque est connue de tout le monde; mais, par une erreur assez répandue (au moyen des mensonges et des calomnies qu'a propagés l'esprit de parti), beaucoup de personnes sont portées à croire que la France n'a recueilli d'autres résultats de sa révolution que la misère et le carnage, et qu'à la suite des scènes sanglantes que la violence des partis a produites, aucun profit matériel n'a été obtenu pour la nation. Si cependant nous voulons considérer attentivement la grandeur des obstacles qu'il a fallu surmonter, et si nous comparons ce qu'était la France, à l'époque de notre révolution, avec son état actuel, nous aurons moins à nous étonner de ce qu'elle n'a pas effectué de plus grands changemens, qu'à nous affliger de ce qu'ils ont été si chèrement achetés.

Un *code pénal*, imparfait encore dans ses détails, mais par la nature de ses punitions, aussi doux que le nôtre, a été substitué aux règlemens sanguinaires d'un siècle barbare. Un *code civil* uniforme a remplacé des coutumes surannées et contradictoires. L'établissement du *jury* dans les causes criminelles, la *publicité des procès* dans toutes les affaires; l'adoption du principe du *gouvernement représentatif* et du *vote annuel de l'impôt*; la *liberté personnelle* plus respectée, la *liberté de la presse* augmentée, la *liberté des consciences* établie; l'*abolition des priviléges* des individus, des classes, des corporations, des provinces, et un peuple de vassaux affranchis de toute obligation féodale : tous ces objets forment une masse d'améliorations, un changement radical dans la politique intérieure de la France, plus considérable qu'il ne s'est jamais opéré dans un si court espace de tems; car presque tous, si ce n'est même tous ces avantages ont été obtenus, dans les trois premières années de la révolution, durant cette courte période, la seule où vous avez exercé une influence, et une puissante influence sur les affaires publiques en France.

Non, monsieur, vous n'avez pas vécu en vain, non plus

pour la France que pour l'Amérique. Le fondement est posé, et *la vie des nations ne se calcule pas par années, mais par générations.* Il ne nous appartient point de prononcer sur les améliorations dont la France peut éprouver le besoin, sur celles qui conviennent à son état actuel. Nous ne pouvons que demander au ciel qu'elle puisse les acquérir, non par la violence, mais par une douce persuasion ; qu'elles soient le résultat d'une confiance mutuelle heureusement rétablie, et non celui de nouvelles convulsions et de scènes sanglantes !

Il n'a pas dépendu de vous que telle ait été la fin paisible et prompte de la révolution française. Instruit, permettez-moi l'expression, instruit à l'école d'une liberté raisonnable sous les illustres fondateurs de cette république, vous ne fûtes pas un défenseur plus énergique de la cause de la liberté dans le sein de l'assemblée, que zélé dans le commandement de la garde nationale, pour conserver l'ordre, réprimer les excès, prévenir les crimes, et éviter l'effusion du sang. Vous avez toujours été le refuge, souvent le protecteur de l'innocence et du malheur ; et, lorsque vos efforts ont été infructueux pour les défendre ou pour les faire respecter, c'est que l'obstacle se trouvait au-dessus de toute puissance humaine.

Lorsque la constitution que vous et vos collègues éclairés aviez jugé la plus propre à assurer les libertés et à procurer le bonheur de la France ; lorsque cette constitution que vous aviez juré de soutenir et que des forces étrangères menaçaient en vain, fut attaquée à l'intérieur par des furieux, vous prévîtes avec un esprit prophétique les désastres qui devaient suivre. Fidèle à vos sermens, fidèle au peuple, indifférent sur les formes, négligeant totalement toute considération personnelle, vous montâtes à la brèche, et dans cette circonstance mémorable, vous fîtes à la cause du peuple le sacrifice de votre popularité, vous à qui l'approbation et l'amour du peuple ont toujours paru la seule récompense de ce monde digne d'être recherchée.

La suite est bien connue : pour avoir tenté de sauver la patrie, vous fûtes proscrit, dépouillé de l'héritage de vos pères, comme ennemi de la patrie. Ce n'était pas chez l'étranger que vous pouviez attendre la récompense de vos services dans la cause de la liberté française : le patriote proscrit ne trouva pour asile qu'une prison ; enfermé pendant des années, des fers ont pu lier vos membres ; votre âme ne fut jamais abattue ; elle conserva toute son énergie et demeura libre.

Votre proscription fut le signal de tous les maux qui vinrent désoler votre pays. Je ne m'étendrai point sur ces scènes déplorables. La liberté abandonne une terre souillée de crimes commis en son nom sacré. Car, si le premier des biens doit être conquis par le courage, la vertu et la sagesse peuvent seules le conserver.

Lorsque, plusieurs années après, vous fûtes rendu à votre patrie, vous la trouvâtes entre les mains de cet homme extraordinaire, auquel il fut donné de régler durant un tems le sort des Français et celui de l'Europe. La France était plongée dans un océan de gloire ; mais elle n'était plus libre. Vous vous êtes réjoui des succès obtenus sur ses ennemis étrangers ; vous avez admiré tout ce qui était grand, approuvé tout ce qui était bon ; mais vous avez refusé de partager les honneurs, les dignités, les faveurs du nouveau gouvernement. Le droit de suffrage était restreint à un petit nombre d'électeurs nommés par le pouvoir exécutif : la législature était muette ; la liberté individuelle non assurée, celle de la presse détruite, tous les pouvoirs concentrés dans un seul homme. Vous vous êtes retiré dans une honorable retraite, entouré d'une famille chérie ; et, pendant près de quatorze ans, vous fûtes le modèle de toutes les vertus privées, comme vous l'aviez été de toutes les vertus civiques. Les avantages de l'ambition n'ont jamais été le but de vos désirs. Dans la simplicité de votre cœur, vous n'imaginiez même pas faire un sacrifice ; mais il en restait un plus pénible à faire à vos principes.

Votre fils unique, le digne héritier de votre nom et de vos vertus, celui que nous nous réjouissons de voir auprès de vous, combattait sous les bannières de l'empereur (elles étaient celles de la France). Il ne pouvait que suivre vos exemples ; il se distingua donc d'une manière remarquable ; une promotion rapide paraissait devoir l'attendre ; une carrière de gloire et d'honneurs semblait ouverte devant lui ; il portait votre nom. Cette carrière fut tout d'un coup arrêtée ; cette brillante perspective fut fermée pour toujours ; et vous, le plus tendre des pères, vous avez fait ce dernier sacrifice, plutôt que de donner la puissante sanction de votre nom au système destructeur de cette cause à laquelle votre nom était dévoué.

Cependant ; le colosse tombe ; et, tandis que ses flatteurs le trahissaient ou l'abandonnaient, vous qui lui aviez résisté lorsqu'il était au faîte du pouvoir, vous vous rappelâtes seulement alors que vous dûtes à ses premières victoires d'être délivré des prisons *d'Olmutz*, et vous fûtes un des premiers à proposer des moyens de salut qu'on chercha alors à lui procurer, et qui peut-être, sans un étrange aveuglement de sa part, et la honteuse perfidie de faux amis, eussent pu le préserver du triste sort qui l'attendait.

Lorsque ensuite les libres suffrages de vos concitoyens vous rappelèrent sur le théâtre des affaires publiques, personne ne doute du rôle que vous étiez destiné à remplir. Des esprits vulgaires peuvent se souvenir d'anciennes persécutions, ou même de l'indifférence dont ils ont été l'objet. Mais, tant que votre cœur continuera de battre, vous paraîtrez toujours le défenseur des droits du peuple. Cependant, l'âge a pu calmer votre ardeur, le découragement diminuer vos espérances ; mais, quand le vétéran de la cause de la liberté dans les deux hémisphères, après avoir combattu, versé son sang, souffert les chaînes de la proscription pour cette cause sacrée, reparaît de nouveau pour la défendre ; c'est avec une nouvelle vigueur, avec toute l'énergie, la pureté, la fraîcheur de la jeunesse.

Telle est la faible esquisse d'une vie exclusivement consacrée au service de l'humanité, qui, durant cinquante années d'activité, n'a été souillée par aucun vice, défigurée par aucun acte d'inconstance... Après tant de travaux, de rudes épreuves, d'injustes persécutions, d'afflictions particulières, il a plu à la divine providence de vous accorder, à la fin de vos jours, la récompense la plus douce pour votre âme.

Vous avez laissé, monsieur, l'Amérique commençant sa nouvelle existence, souffrant encore de tous les maux qui avaient accompagné la lutte révolutionnaire, sans commerce, sans richesse, sans crédit, sans avoir encore éprouvé l'influence d'un gouvernement central. Après un espace de quarante années, il vous est donné de visiter ses rivages. Vous la retrouvez déjà dans toute la force de sa maturité, soutenant un rang distingué parmi les nations, l'asile des opprimés de tous les pays, comme de tous les partis; ayant atteint un degré de prospérité dont on ne voit aucun exemple, durant une si courte période, dans les annales du monde. Ses villages sont devenus des cités populeuses; ses vaisseaux couvrent les mers; de nouveaux états se sont élevés comme par magie du milieu des déserts; ses progrès dans les manufactures et les arts, et depuis peu, dans les sciences et dans la littérature, ont marché d'un pas égal avec ceux de sa richesse territoriale et d'une population triplée. On nous avait menacés de l'infaillible dissolution de l'union, et l'on a vu treize états résigner volontairement une portion de leur souveraineté, afin d'investir le gouvernement central des pouvoirs nécessaires à la défense commune; acte de sagesse et de patriotisme, nouveau dans l'histoire des peuples.

La tranquillité d'une longue paix n'a point énervé les Américains. La génération actuelle s'est montrée digne de celle qui l'a précédée, de vos compagnons d'armes; vous allez, en partant d'ici, vous rendre à *Bunkershill*, afin d'ériger un monument sur le terrain même où les Anglais apprirent, pour la première fois, quelle résistance ils devaient attendre d'un peuple qui voulait être libre, et vous arrivez de la *Nouvelle-Orléans*, théâtre de cette extraordinaire et complète victoire qui n'a pas été surpassée dans ce siècle de prodiges militaires. Elle fut remportée sur des ennemis supérieurs en nombre par une bande de soldats citoyens que conduisait un héros sorti de leurs rangs, et l'ouvrage du peuple. A la même époque, un cultivateur de Pensylvanie soutenait l'honneur des armes américaines sur notre frontière septentrionale, et notre intrépide marine, malgré une infériorité de forces plus grande encore, montrait au monde que la reine des mers n'est pas invincible même sur son élément.

Mais, ce qui surtout vous procure la plus haute satisfaction, c'est la pensée que cette prospérité, ce bonheur dont nous jouissons, sont le résultat de nos libres institutions; elles ont placé hors de toute atteinte les droits imprescriptibles de l'homme, assuré à chaque individu la liberté de conscience, celle d'exprimer ou de publier ses opinions, l'exercice non restreint de ses facultés personnelles; elles ont borné l'action du gouvernement à ses objets légitimes; la protection des particuliers contre la passion et la cupidité; celle de la confédération contre l'agression étrangère. Les différentes branches de l'administration ont été investies seulement du pouvoir nécessaire pour atteindre ce but. C'est ici, ici proprement, le règne de la loi. Le gouvernement représentatif est établi dans sa forme la plus simple, fondé sur le suffrage universel et sur de fréquentes élections. Le résultat de ce système est exposé aux regards du monde; il n'est survenu aucun des inconvéniens que l'on supposait inséparables d'un gouvernement populaire.

La religion a conservé sa bienfaisante influence, au milieu d'une liberté universelle de conscience et de culte, et quoique la liaison impie entre l'église et l'état ait été complétement dissoute. La tranquillité publique n'a pas été altérée, quoique la liberté individuelle soit si respectée dans la pratique et dans le droit que *l'habeas corpus* n'a pas une seule fois été suspendu. La liberté de la presse illimitée, loin d'ébranler le gouvernement, n'a pas un moment diminué sa force, ni entravé sa marche. Le suffrage universel a été attesté par des choix généralement populaires; des élections fréquentes et multipliées n'ont jamais été accompagnées de la plus légère commotion; et même, lorsqu'il s'est agi des plus hautes charges, quoiqu'elles aient été poursuivies avec l'énergie qui convient à des hommes libres, que les publications de la presse aient continuellement enflammé les esprits, la décision constitutionnelle a été reçue avec une soumission immédiate.

Tous les pouvoirs émanent ici du peuple, et tout se rapporte à lui. Nous reconnaissons avec orgueil que nos délégués n'ont jamais abusé de la portion d'autorité qui leur était confiée. Dans nos relations avec l'étranger, tandis que le gouvernement se montrait prêt à soutenir nos droits, quelle nation a pu se croire outragée par les États-Unis? Et dans notre administration intérieure, tandis que les lois étaient exécutées avec impartialité, peut-on citer, dans un espace de quarante années, un seul citoyen persécuté ou opprimé?

Le succès complet de cet important essai, tenté dans cette contrée sur la plus grande échelle; cette preuve vivante que les hommes peuvent se gouverner eux-mêmes, magnifique exemple donné par les États-Unis, n'a pas été perdu pour le reste du monde. Des événemens que nous pouvions prévoir, mais que nous croyons devoir appartenir à la postérité, ont eu lieu de notre tems.

Une année avant le jour où vous avez débarqué sur ce sol pour joindre l'étendard américain, il n'existait pas sur ce vaste continent un seul homme (si ce n'est le sauvage indien) qui ne reconnût la suprématie d'une puissance européenne ; et à présent, dans un espace moins long que la courte durée de la vie active de l'homme, il n'existe pas, depuis le cap *Horn* jusqu'aux sources du *Mississipi*, une seule province qui n'ait secoué le joug étranger. L'histoire conservera la mémoire des sacrifices immenses, des actes d'héroïsme et de dévouement, de la persévérance inaltérable qui ont produit de si grands résultats. Notre gouvernement, fidèle à ses principes, n'a ni excité, ni encouragé les insurrections ; mais, en reconnaissant le premier l'indépendance de l'Amérique du sud, et en déclarant qu'il ne verrait pas avec indifférence d'autres nations agir hostilement dans cette querelle, il a rempli un devoir

que la politique et la position morale des État-Unis lui pres-
crivaient.

Un nouvel esprit s'est introduit, il anime le monde civilisé ;
il donne à tous les hommes, jusqu'au plus obscur, au plus
opprimé, le sentiment de ses droits, la volonté de les recou-
vrer; il fait chaque jour de nouveaux prosélytes, même dans
les rangs privilégiés et jusque sur les marches du trône. Les
efforts de quelques hommes (qui n'ont rien appris, ni rien
oublié), qui rêvent et qui ne peuvent plus espérer, l'empor-
teront-ils ? leur sera-t-il permis d'arrêter la lumière dans ses
progrès et de faire rétrograder l'esprit humain ? Les planètes
aussi semblent quelquefois aux regards de l'homme avoir un
mouvement rétrograde; mais elles poursuivent leur course
immuablement assurée, conforme aux lois de la nature, à la
première impulsion donnée par le Créateur : ainsi, dans le
monde moral, peuples, nobles, hommes d'état, monarques,
tous sont à présent entraînés par le mouvement irrésistible de
l'opinion publique, et des progrès toujours croissans des connaissances humaines.

Voulez-vous une preuve sans réplique de cette influence
toute-puissante ? Le ministère britannique est exclusivement
composé d'hommes qui (il y a dix ans) étaient opposés à toutes
révolutions, tremblaient à la simple apparence d'une légère
innovation : il vient, en moins d'une année, de réformer une
jurisprudence antique et obscure, de détruire le système de
monopole dans les colonies anglaises. Il reconnaît l'indépendance de *l'Amérique du sud ;* il favorise, du moins, s'il n'assiste
pas encore les *Grecs* ; et, si nous ne sommes point mal in-
formés, il est au moment d'émanciper l'Irlande, cette nation
amie de l'Amérique et depuis si long-tems opprimée.

La flamme de la liberté s'est étendue, depuis les Andes
péruviennes, à la limite occidentale du monde civilisé, jusqu'à
son autre extrémité vers l'*Est.* La Grèce, le berceau de la
civilisation européenne, et de la nôtre ; la Grèce, cette terre
classique de la liberté, gémissait depuis des siècles sous le

joug le plus intolérable ; on croyait ses fils entièrement avilis par l'esclavage , dégénérés, perdus sans espoir de salut : leur nom était devenu un mot de reproche ; eux-mêmes, un objet de mépris plus que de pitié. Subitement ils se réveillent de leur léthargie, volent aux armes, brisent leurs chaînes ; ils ne reçoivent aucun secours étranger. Les puissances chrétiennes les regardent avec malveillance ; ils sont environnés par d'innombrables dangers et d'innombrables ennemis : ils ne demandent pas combien ils sont, mais où les joindre chaque année. Presque sans marine , ils détruisent des flottes formidables ; chaque année, sans armées disciplinées, ils dispersent d'innombrables ennemis ; chaque année, ils étonnent le monde, conquièrent , malgré lui, sa sympathie par des actions dignes des trophées de Salamine et de Marathon, par des exploits que l'amour de la liberté peut seul produire, par des prodiges qui nous paraîtraient fabuleux , s'ils n'arrivaient pas de notre tems et sous nos yeux.

D'où vient cette régénération et ses effets surprenans ? des progrès des connaissances, de la supériorité de l'intelligence sur une force brutale. Les Grecs avaient conservé leur langue immortelle, le souvenir de leurs ancêtres, leur religion, un caractère national. Quelques particuliers patriotes avaient, depuis cinquante ans, fondé des écoles, établi des presses, employé tous les moyens de renouveler ou d'étendre l'instruction. Leurs stupides oppresseurs ne pouvaient apercevoir, ni craindre des progrès à peine remarqués en Europe. Mais la semence ne tomba pas sur un sol stérile, et le cimeterre a été moins funeste pour l'espèce humaine, que l'inquisition espagnole.

La cause n'est pas encore gagnée; une résistance presque miraculeuse peut encore être subjuguée par l'effrayante supériorité du nombre, et le monde civilisé, le monde chrétien (ces deux mots sont synonymes), considérera-t-il toujours, avec une immobile apathie, l'effrayante catastrophe qui peut suivre ? Une catastrophe qu'il pourrait, que nous-mêmes seuls pourrions empêcher avec tant de facilité, et presque sans danger. Mais, je suis entraîné au delà de ce que je voulais dire. Cela est dû à votre présence. Ne sais-je pas que partout où l'homme qui combat pour la liberté, ou pour l'existence, est le plus en danger, c'est là où se trouve votre cœur.

Je puis hardiment demander quel homme existant a pris une plus grande part que Lafayette à l'établissement, à la propagation et à la défense des principes qui ont produit de si grands et de si glorieux résultats; et parmi les vivans et les morts, il a été accordé jusqu'ici à lui seul de jouer un rôle également brillant sur les deux principaux théâtres de la grande lutte, *l'Amérique* et *la France.* Peut-on, après cela, s'étonner si vous êtes reçu par un peuple libre et éclairé avec un enthousiasme qui n'a pas encore été égalé? Nous partageons entièrement le sentiment national; nous saluons en vous l'un des héros survivans de la révolution; l'énergique défenseur de la cause de l'humanité; le rare modèle d'une parfaite constance. Heureux d'avoir été dans cette occasion l'organe de mes concitoyens, mes sentimens particuliers sont faciles à juger, puisque celui auquel je m'adresse est en même tems un ami personnel, sincère et long-tems éprouvé.